ENCONTRANDO TU YO AUTÉNTICO

LA PELEA POR CONVERTIRTE EN TI MISMO

DR. PAUL GAVONI

Traducido por Carlos Del Rio, M.A.

Heart & Science International, LLC
heartscienceinternational.org

Autor: Paul Gavoni

Encontrando Tu Yo Auténtico: *La Pelea Para Convertirte En Ti Mismo*

Publicado por: Heart & Science International, LLC

Editorial: Paul Gavoni

ISBN: 979-8-9997077-8-9

ENCONTRANDO TU YO AUTÉNTICO

Dedicación

A mis amigos más cercanos:
Tu presencia, lealtad y sinceridad me sostuvieron cuando iba a la deriva. Sabes quién eres.

Para mi mamá y mi papá.
Por amarme a través de cada capítulo, incluso los más desordenados.

A mi hijo.
Verte convertirte en el tipo de hombre que nunca tuve el valor de ser a tu edad me llena de humildad. Estás aprendiendo lecciones que a mí me llevó décadas aprender. Espero que mis tropiezos te sirvan de peldaños en el camino y que mi crecimiento te ayude a llegar aún más alto.

Y a mi esposa.
Tu aceptación me enseñó lo que significa ser visto, realmente visto y amado de todos modos.

Este libro es para ti.

TABLA DE CONTENIDO

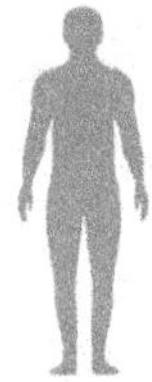

PRÓLOGO

Uno de mis primeros recuerdos recurrentes tiene lugar en un sube y baja, dando botes y riendo con mi mejor amiga Monique. Cuando finalmente acordamos cambiar de actividad en el parque, bajé mi asiento al suelo y salté rápidamente, desplomando a Monique sin querer con un fuerte golpe. Su grito de dolor hizo que nuestras madres vinieran corriendo. Mi empatía se interrumpió cuando me regañaron por mi comportamiento descuidado y desconsiderado, y luego me pusieron de castigo para "pensar en lo que había hecho". Aunque no recuerdo haber pensado de forma productiva, recuerdo vívidamente un remolino interno de confusión, vergüenza y resentimiento. Necesitaba bajarme de ese sube y baja, y no tenía otra forma de hacerlo. En ese momento, nunca se me ocurrió que saltar la lastimaría. ¿Quién se creían que era yo, el Isaac Newton de los sube y baja? Tras mi obligada disculpa con Monique, le ofrecí una rama de olivo invitándola a volver al sube y baja, pero a pesar del intento paterno de corregir mi comportamiento "descuidado y desconsiderado", volví a cometer el mismo error. Quizás mi problema tenía menos que ver con la física y más con una mala comprensión de cómo funcionan las consecuencias.

Han pasado casi cuarenta años desde aquel suceso, y he pasado los últimos veintitrés estudiando los efectos conductuales de las consecuencias, incluyendo los mecanismos debajo del castigo, que resulta ser un proceso mucho más complejo de lo que un intento fallido de castigo jamás insinuó. La historia del castigo es tan antigua como el tiempo mismo. Sísifo fue condenado a una eternidad empujando rocas por intentar burlar a la muerte. Adán y Eva fueron expulsados del paraíso por su desobediencia. El orgullo de Ícaro lo envió a precipitarse al mar. Y a mí me castigaron por un error de cálculo en el patio de recreo. Sin embargo, solo recientemente hemos podido investigar este instrumento contundente bajo el microscopio de la ciencia del comportamiento. ¿Cómo funciona cuando reduce con éxito el comportamiento indeseado? ¿Por qué falla en tantos casos? ¿Qué riesgos corremos como sociedad con su uso inadecuado o excesivo?

B.F. Skinner describió tres funciones explicativas del proceso de castigo:

1. Las respuestas emocionales se desencadenan con el inicio del evento aversivo y tienden a interrumpir cualquier comportamiento que esté ocurriendo en ese momento. El castigo no enseña, sino que interrumpe. Si nuestras madres hubieran visto mi desmontaje, un

fuerte "¡Espera!" podría haberme asustado lo suficiente como para detenerme a mitad del salto.

2. Mediante el condicionamiento pavloviano, las características destacadas del contexto se asocian con el evento aversivo y posteriormente pueden evocar reacciones emocionales por sí solas. Hasta el día de hoy, no puedo mirar un sube y baja sin sentir y "ver" recordatorios de mi experiencia en el parque.
3. La conducta castigada se reduce cuando otras conductas se fortalecen al escapar o evitar eficazmente esos elementos aversivos condicionados. Como nunca adquirí el repertorio adecuado para desmontar, mi estrategia después de este evento fue elegir otros juegos infantiles cuando había sube y bajas disponibles.

Como implica la segunda etapa del castigo, el uso excesivo o poco hábil del castigo tiende a condicionar de manera aversiva características irrelevantes del contexto, incluyendo lugares, personas, sonidos, olores, sensaciones corporales y conductas asociadas. Una de esas conductas colaterales es la observación de la propia conducta que previamente fue castigada. El proceso puede llevar a una especie de castigo automático de la auto-observación: mirar de cerca las acciones propias que fueron castigadas con anterioridad implica el riesgo de entrar en contacto con las sensaciones desagradables que fueron condicionadas por el mismo castigo. Paradójicamente, el castigo no siempre reduce tanto la conducta ofensiva como la capacidad de observarla. Con el tiempo, no es solo una conducta aislada la que deja de verse, sino que puede incluir todo un repertorio controlado por el contexto punitivo. Sigmund Freud describió este repertorio oculto como el "yo reprimido". Carl Jung lo llamó "la sombra". Paulie Gavoni diagnostica con precisión el problema como un punto ciego conductual. Y el análisis de Skinner sobre el castigo nos ofrece la oportunidad de darle un vistazo a las contingencias que sostienen estos repertorios ocultos. Esos vistazos pueden sentar una nueva base para empezar a reemplazar la vergüenza y la auto-inculpación con algo más integrado: lo que Paulie denomina el *yo auténtico*.

La historia de Paulie es única en sus detalles, pero universal dentro del marco de los principios conductuales. De niño, buscó de muchas maneras la conexión, la paz y la estabilidad. Pero en especial cuando esos intentos se dirigían hacia su padre, cuyo propio sufrimiento con frecuencia sobrepasaba su capacidad de conectar, eran castigados con señales de pérdida, abandono o rechazo.

En respuesta a un episodio particularmente devastador, observa cómo Paulie captura el impacto emocional descrito en la primera etapa del proceso de castigo según Skinner: *"¿Esa sensación? No puedo describirla del todo. Pero mi cuerpo la recuerda."*

Con el tiempo, sus entornos, e incluso la experiencia de su propia conducta, se condicionaron como dolorosos. La segunda etapa del proceso de castigo había entrado en acción: las señales asociadas con el intento de buscar conexión adquirieron propiedades aversivas, convirtiendo el mismo acto en algo que debía evitarse.

Eventualmente llegó la tercera etapa. Para escapar del dolor, algo tenía que cambiar. Y en el caso de Paulie, ese "algo" fue su propia identidad: *"No sabía cómo ser todo yo en un solo lugar... así que me convertí en lo que otros querían que fuera."*

El niño castigado escapó escondiéndose, no solo de los demás, sino eventualmente de sí mismo.

El camino de recuperación de Paulie es uno de carácter evolutivo. Las conductas que ocultaban a su yo castigado fueron seleccionadas por sus primeros entornos, lo que le permitió adaptarse al caos. A medida que sus entornos cambiaron con el tiempo, la desaparición de viejas formas sentó las bases para que surgieran nuevas. No es sorpresa que su historia haya moldeado el repertorio de un peleador profesional. Pero el costo físico de múltiples lesiones y cirugías invasivas fue demasiado. Las lágrimas poco frecuentes de su esposa señalaron la necesidad de dejar el ring. Nuevos entornos comenzaron a moldear un repertorio distinto: del peleador al analista de conducta, que ahora se dirige a las partes de sí mismo que habían permanecido ocultas desde la infancia.

Cada uno de nosotros enfrenta su propia versión de esta historia. Nuestros primeros entornos sociales golpean con fuerza y rapidez, exigiendo conformidad con el grupo. La autoobservación suele ser una víctima no intencional en el uso de esta herramienta de cambio conductual que rara vez se examina a fondo. Pero el análisis de la conducta tiene otras herramientas. La autoobservación es un repertorio conductual moldeado por las contingencias del entorno, y su fortaleza depende del poder del reforzamiento. Sin embargo, como hemos visto, el castigo de la autoobservación crea un enorme obstáculo para poder entrar en contacto con ese reforzamiento.

A lo largo de este libro, Paulie revela un repertorio sutil a partir del cual se va conformando progresivamente un yo auténtico, un repertorio que reconoce la importancia de aprender a mirar directamente aquello que intenta permanecer oculto. Él modela un enfoque funcional para integrar repertorios escondidos por el castigo, tendencias a actuar o complacer a costa de uno mismo, y la autoconciencia necesaria para reconocer cuándo los cambios en el entorno requieren nuevas formas de conducta.

Este repertorio integrador en constante evolución puede sentirse como el yo más profundo de una persona. Y como B. F. Skinner ha señalado: *"A menudo vale la pena mirar."*

David Roth

Harrisburg, PA

7/24/2025

PREFACIO

La Pelea por Convertirme en Mí

No siempre fui el orador seguro, el autor publicado, el consultor que entra a salas de juntas o aulas con claridad y convicción. Fui un niño al que intimidaron algunas veces, pero lo suficiente como para dejar una huella duradera. Y cuando eres un niño que absorbe el mundo a través del dolor y la vergüenza, esas experiencias no solo duelen, también te moldean.

Ese dolor se convirtió en combustible. Me refugié en el boxeo y empecé a pelear en torneos Toughman. Eventualmente gané un título de los Golden Gloves. Eso no se trataba solo de aprender a lanzar golpes, era aprender a levantarme. A pelear. Primero por mí, y después por otros.

Por mucho que pudiera pelear, también descubrí que tenía un profundo amor por ayudar a la gente. Entré al campo del trabajo social y me convertí en terapeuta. Ese camino finalmente me llevó al análisis de la conducta, la ciencia del comportamiento humano. A menudo digo que también es la ciencia de ayudar a las personas, porque eso es lo que hace la ciencia del comportamiento cuando se usa con cuidado: ayuda a la gente a cambiar en formas que realmente les importan.

Esa perspectiva no solo cambió mi carrera, también cambió la manera en que veía el mundo. La llevé a escuelas, organizaciones, aulas e incluso a los deportes de combate. Y algo se hizo totalmente claro: muchas personas estaban siendo lastimadas por quienes ocupaban posiciones de autoridad.

No podía apartar la mirada de eso. No lo haría.

Con el tiempo, me encontré enfrentándome a líderes que usaban su poder para controlar, coaccionar y dañar precisamente a las personas que se suponía debían elevar. Una vez alguien me dijo que la alta dirección me veía como anti-sistema. Al principio me sentí insultado. Pero cuanto más lo pensaba, más lo abrazaba, porque en ese contexto, el sistema estaba lastimando a la gente. Y los datos lo confirmaban.

Así que quiero dejarlo claro: no soy anti-sistema. Soy anti-sistemas y anti-liderazgos que dañan a las personas. No podía llamarle "líderes" a algunos de esos individuos. Tenían el título, pero no la conducta. Eso me llevó a hacerme la pregunta: ¿qué es el verdadero liderazgo?

Esa pregunta me llevó de vuelta al inicio, a la ciencia del comportamiento humano. Porque en esencia, el liderazgo es conducta. Es cómo actúas, cómo refuerzas, cómo inspiras, cómo respondes a la conducta de los demás. Se trata de tu impacto, no solo de tus intenciones. El liderazgo no es una posición, es un patrón de conducta. Es lo que haces. Eso fue lo que me llevó a escribir *La autoridad posicional no es liderazgo*. Pero mientras ayudaba a otros a desarrollar su liderazgo, todavía tenía mucho trabajo personal por hacer.

Crecí con una familia amorosa, pero también con un padre biológico que peleaba con una enfermedad mental grave. Pasó años entrando y saliendo de la cárcel y de instituciones de salud mental. En 2023, murió por suicidio. Ese momento lo cambió todo.

Me envió por un camino de autoconciencia radical. De profunda autoindagación. De enfrentar los patrones que seguían apareciendo en mi vida, incluso aquellos que no quería mirar. Ese viaje me trajo hasta aquí. Este libro, *Encontrando tu yo auténtico: La Pelea por Convertirte en ti Mismo,* es el resultado. Es el trabajo más personal que he escrito.

Imagina esto. Estás de pie al borde de una pista de baile. Quieres conexión. Anhelas autenticidad. Tus pies permanecen clavados.

Esperas a que alguien más se mueva primero. La vulnerabilidad es dar ese paso de todas formas, aunque sea con inseguridad o titubeo, pero estando presente y comprometido.

Mucha gente habla de vulnerabilidad. Algunos la piden. Otros creen que la practican. Muchos la confunden con contar demasiado o con desbordar emociones. Esa versión no es vulnerabilidad. La vulnerabilidad es conducta. Significa asumir el riesgo de ser visto sin ninguna garantía de cómo serás recibido. Significa presentarte tal cual eres, crudo, real y guiado por valores, especialmente cuando es incómodo.

Esto es lo que estoy haciendo aquí. No estoy describiendo la vulnerabilidad. La estoy demostrando. En estas páginas abro mi corazón y mi alma al mundo. Este soy yo en mi estado más expuesto. La vulnerabilidad no viene con pulido ni filtros. No sigue guiones.

Viene con incomodidad. Viene con miedo. Y viene con libertad. A medida que mis acciones se siguen alineando con mis valores, el proceso requiere cada vez menos coraje. Dejo de actuar para impresionar. Dejo de justificarme. Empiezo a existir en la verdad. Sin necesidad de impresionar. Sin necesidad de convencer. Solo siendo.

A veces significa ser el primero. Hablar en la mesa de conferencias cuando tu perspectiva es distinta. Levantar la mano frente a personas que te intimidan. Hacer una pregunta difícil en una sala llena de silencio.

Algunas vulnerabilidades son más difíciles que otras. Una de las más duras es admitir que cometiste un error, incluso cuando la otra persona también lo cometió. Ese tipo de acción muestra madurez. Refleja un liderazgo personal deliberado y basado en valores. Significa elegir la integridad sin necesitar permiso ni reciprocidad. La vulnerabilidad no depende de la certeza. Depende de la acción.

Cuando empecé a pelear, estaba aterrorizado. Por fuera me veía sereno. Por dentro, estaba inseguro, ansioso y cargando con una vida entera de lecciones que aún no lograba entender. La mayoría de los peleadores experimenta esto. El ring exige vulnerabilidad. No hay lugar para esconderse ni espacio para huir. Tu preparación, tu miedo, tu creencia, todo se muestra en la conducta.

Con el tiempo, ese miedo se transformó en enfoque. Se convirtió en combustible. Empecé a vencer a oponentes con más experiencia y más habilidades. Gané porque estaba firme. Creía en mí mismo. Esa creencia impulsaba mi conducta.

Cuanto más peleaba desde un lugar de autenticidad, más los resultados reforzaban esa creencia. La confianza llegó a través de la repetición, de actuar en alineación con mis valores cuando las apuestas eran altas.

¿Pero la verdadera pelea? Sucede fuera del ring. Vive en cada decisión de presentarte, de hablar, de mantenerte firme en quién eres. Esos momentos revelan tu identidad a través de la conducta. La vulnerabilidad es la puerta de entrada a la autenticidad. Sin ella, solo gestionas cómo te ven en lugar de expresar realmente quién eres.

El ring lo hacía visible. Pero el mismo proceso ocurre en salas de juntas, aulas, salas de estar y conversaciones de madrugada. En cualquier lugar donde elijas vivir tu verdad bajo presión, estás en una pelea que importa. Cuanto más te comprometes con ese tipo de pelea, más tus valores se vuelven reflejos. Dejas de pedir permiso para ser quien eres. Entras en ello por completo. Esto es lo que la vulnerabilidad se ve en movimiento. Esta es la pelea por ser tú. Todos estamos peleando contra algo. Eso no es debilidad. Esa es la condición humana.

Este libro es mi registro de pelea. Una reflexión personal. Un desmenuzamiento conductual y un testimonio ganado con esfuerzo de que en quién te conviertes no depende solo de las batallas que peleas en el mundo, sino del resultado de las que enfrentas dentro de ti.

En él, yo soy el sujeto. La vida es el laboratorio. Y la ciencia del comportamiento humano es la lente que utilizo para darle sentido a todo. Si alguna parte de esto resuena contigo, recuerda esto: no estás solo. No estás roto. Estás en proceso de convertirte.

Caminemos juntos este camino y aprovechemos la ciencia del comportamiento humano para pelear juntos.

— *Paulie*

AGRADECIMIENTOS

Mi gratitud a Sorah Cheryl Eyrich, Stephanie Waldon de Phoenix Rising ABA y Kyra Brown por sus valiosos aportes durante el proceso de edición. Su revisión cuidadosa y sus sugerencias contribuyeron directamente a la claridad, el flujo y la precisión conductual de este trabajo. Su participación le dio un valor real, y estoy agradecido por el tiempo y la dedicación que invirtieron.

Un sincero agradecimiento a Lebanon Raingam, mi formateador de confianza para todos mis libros autopublicados. Has cumplido de manera constante con precisión y fiabilidad, incluso en esos momentos de presión de último minuto. Estoy agradecido por tu calma bajo presión y por el papel vital que desempeñas en dar vida a estos proyectos.

ENCONTRANDO TU YO AUTÉNTICO

LA PELEA POR CONVERTIRTE EN TI MISMO

"El privilegio de una vida es
llegar a ser quien realmente eres."
— Carl Jung

PRÓLOGO

La Pelea por Convertirte en ti Mismo

Mi madre tenía solo dieciséis años cuando me tuvo, una niña criando a un niño. Mi padre biológico, que ya mostraba señales de problemas conductuales y de salud mental, estaba ebrio el día que nací. Convencido de que las drogas que había consumido me deformarían, llegó al hospital y exigió a la enfermera que contara mis dedos. No me faltaba ninguno, pero los recién nacidos suelen cerrar las manos, y él necesitaba pruebas.

Mi mamá era fuerte. Ya había pasado por el infierno. Su padre, mi abuelo, murió mientras ella estaba embarazada de mí. Ellos se habían distanciado. Ella era su niña, y ahora estaba embarazada de un chico del otro lado de las vías. Su familia tenía buena posición económica, eran dueños de un aserradero en Plymouth, Massachusetts. La familia de mi padre era de clase trabajadora, buena gente, muy esforzada, pero no sin sus propias heridas. Cuando mi padre tenía apenas ocho años, su hermano menor murió en un accidente de auto mientras estaba de permiso del servicio militar. Esa pérdida destrozó a mi abuela, y creo que también rompió algo dentro de mi padre.

No pasó mucho tiempo después de que yo naciera para que mi mamá lo dejara. Siguió a mi abuela hasta Fort Lauderdale y me llevó con ella. Un par de años más tarde, mi padre intentó volver a nuestras vidas. Nos siguió hasta allá. Pero seguía siendo el mismo hombre. Como era de esperarse, volvió a equivocarse. Mi madre lo echó y él regresó al norte.

Yo tenía cuatro años.

Mis primeros recuerdos son fragmentos dispersos de miedo y confusión. Recuerdo a mi padre y a mi tío, ambos borrachos, gritando y lanzándose golpes mientras yo, siendo apenas un niño pequeño, intentaba separarlos. Ningún niño debería tener que hacer de mediador en una guerra entre adultos.

Durante años, pensé que las gotas rojas pegadas al costado del refrigerador eran sangre de aquella pelea. Las miraba con frecuencia, atormentado por el recuerdo, hasta que mucho después supe que en realidad era esmalte de uñas rojo, salpicado cuando mi madre dejó caer accidentalmente el frasco. Es sorprendente cómo el cerebro de un niño conecta puntos para darle sentido al caos.

También recuerdo la guardería. El ardor de ser empujado al suelo, la quemazón de la arena lanzada a mi cara por otros niños y la profunda punzada en el pecho cada vez que mi madre me dejaba allí. Lloraba como si fuera el fin del mundo, porque para un niño, así se sentía.

Y luego, cuando tenía cuatro años, vi cómo un perro mataba a mi gato justo frente a mí.

Aun así, estaba rodeado de amor. Tenía una gran familia extendida que se preocupaba profundamente por mí. Mi madre se volvió a casar cuando yo tenía ocho años con el mejor hombre que conozco, quien me crió como a su propio hijo. Mis abuelos por parte de mi mamá eran estables, solidarios y amables. Mis tías, las hermanas de mi madre, también eran increíblemente cariñosas y protectoras conmigo. Incluso mi padre biológico era amoroso a su manera. Pero el amor no cancela el impacto de la imprevisibilidad. Así no funciona la conducta.

Cada verano regresaba a Massachusetts a quedarme con mis abuelos. Mi padre vivía con ellos, pero pasaba la mayor parte de su vida abajo, solo, hablando por su radio de onda corta. Lo que ahora sé fue probablemente agorafobia sin diagnosticar lo mantenía encerrado, apartado del mundo. Nadie lo nombraba así en aquel entonces. Me saludaba brevemente, tal vez compartía unas palabras, y luego se retiraba al sótano, desapareciendo por el resto de mi visita. De niño, no entendía la enfermedad mental, pero sí entendía la ausencia. Y la ausencia tiene una forma de decir lo que las personas no dicen: "No vales la pena para quedarme."

Y luego estaba la feria.

Fue una de las pocas veces que mi padre prometió hacer algo conmigo, solo los dos. Dijo que íbamos a la feria local. Yo estaba lleno de emoción. Llegamos al estacionamiento y estaba listo para saltar y por fin hacer algo con mi papá. Pero tan rápido como llegamos, dijo que veía a "gente mala" y no quería lidiar con ellos. Entonces volvió a encender el auto y nos fuimos.

¿Esa sensación? No puedo describirla del todo. Pero mi cuerpo no la olvida. Y sin saberlo, estaba siendo condicionado. Aprendiendo una y otra vez que justo cuando buscaba conexión, esta desaparecía.

Cuando tenía ocho años, irónicamente la misma edad que mi padre tenía cuando perdió a su hermano, mi mamá y mi nuevo padrastro vinieron a visitarme a Massachusetts. Acababan de casarse. En cuanto la vi con él, algo en mí entró en pánico. Sentí que me estaba dejando atrás. Supliqué volver a casa. Esa visita abrió algo dentro de mí. Después de eso, nunca más pude pasar un verano completo en el norte. Iba por un par de semanas, pero la ansiedad era constante. El único alivio llegaba el día y la hora programados en los que me dejaban hablar con mi mamá por teléfono.

Mirando hacia atrás, estoy seguro de que ni mi madre ni mi padrastro me hicieron sentir que no era suficiente. Si acaso, ellos me dieron amor y estabilidad. Pero había algo en estar en esa casa, donde mi padre vivía arriba pero pasaba la mayor parte del tiempo solo en el sótano, que dejó una huella. Estaba allí, pero no realmente. Presente, pero ausente. Era confuso. Y quizá, solo quizá, interioricé ese silencio. Tal vez empecé a creer que no valía la pena que se quedaran por mí. Que no era suficiente para ser elegido.

Esa creencia no gritaba, susurraba, moldeando en silencio la manera en que me veía a mí mismo, cómo buscaba validación y cuán profundamente anhelaba ser visto, valorado y sostenido.

Mis abuelos, tal vez compensando de más por mi padre, me colmaron de elogios y atención. Yo era su "niño bueno". Bien portado. Inteligente. Educado. Y sí era todo eso. Pero también mentía a veces. Robé uno o dos señuelos de pesca en la tienda. Hice trampa en un par de exámenes. Nada grave, pero lo suficiente como para aprender temprano que tenía partes de mí que no quería que otros vieran. Especialmente aquellos que pensaban que yo era “mejor” de lo que realmente era.

Tal vez ese fue el comienzo de perderme a mí mismo.

En ese momento, no habría sabido cómo nombrarlo. Solo sabía que la vida que vivía con mi abuela en los veranos, la de Jesús, oraciones y modales perfectos, no era la misma que la que vivía en casa, en un barrio duro con buenos chicos que a veces se metían en problemas. El contraste era fuerte. Y yo no sabía cómo unir las dos. No sabía cómo ser todo yo en un solo lugar. Así que empecé a hacer lo que mucha gente hace cuando se siente dividida: actué. Complací. Me convertí en lo que otros querían que fuera.

Y en algún punto del proceso, me fui alejando más de quien realmente era.

En el panorama general, en un mundo lleno de traumas inimaginables y sufrimientos indescriptibles, lo que pasé de niño podría parecer mínimo. Y tal vez lo fue. Pero el dolor no se mide por volumen, se mide por impacto. Es relativo. Y para mí, el contraste entre el amor que recibía y el dolor que presenciaba hizo que ese impacto fuera aún más desconcertante.

Estaba rodeado de personas que se preocupaban profundamente por mí, mi madre, mi padrastro, mis tías, mis abuelos, y aun así, sentía que algo se me escapaba. Sentía el impulso de convertirme en alguien que no era, alguien más aceptable, más complaciente, más "bueno" de lo que realmente me sentía por dentro. No es que me perdiera de golpe. Fue más bien como un lento desvío, un abandono silencioso de mi propia verdad, de mi autenticidad, a cambio de seguridad, aceptación y control.

Y ese es el problema con desviarse: no siempre te das cuenta hasta que estás demasiado lejos de la orilla. Perder el contacto con quienes somos no es algo único, está profundamente enraizado en la forma en que la conducta humana se moldea y se mantiene.

ESA CREENCIA NO GRITABA, SUSURRABA, MOLDEANDO EN SILENCIO LA FORMA EN QUE ME VEÍA A MÍ MISMO, CÓMO BUSCABA VALIDACIÓN Y CUÁN PROFUNDAMENTE ANHELABA SER VISTO, VALORADO Y CUIDADO.

LA CIENCIA DETRÁS DE ENCONTRAR TU YO AUTÉNTICO

¿Por qué tantas personas se sienten insatisfechas, desconectadas o como si simplemente estuvieran pasando por los movimientos de la vida? Los datos son alarmantes. Encuestas muestran que más del 70% de los empleados reportan sentirse desvinculados en el trabajo (Recruiter.com, 2025). Las tasas de ansiedad y depresión siguen aumentando año tras año. Muchos de nosotros nos encontramos despiertos en la noche, preguntándonos si estamos en el camino correcto, o peor aún, sabiendo que no lo estamos pero sintiéndonos atrapados de todas formas.

Pero la causa raíz suele ir más allá del estrés o de una mala gestión del tiempo. Es la desalineación. Seguimos reglas que nos han sido impuestas, normas sociales, expectativas, presiones, en lugar de nuestro compás interno: nuestros valores. Y cuando nuestra conducta se desvía de manera constante de lo que realmente nos importa, cuando somos inauténticos, sufrimos. Eso no es solo filosofía. Es ciencia del comportamiento.

La investigación demuestra de manera consistente que la autenticidad es más que una palabra de moda, es una variable poderosa vinculada al bienestar, al liderazgo y al crecimiento personal. Los hallazgos meta-analíticos indican que las personas que viven de manera más auténtica experimentan una autoestima más alta, una mayor satisfacción con la vida y una resiliencia psicológica más fuerte (Wood et al., 2008). En el lugar de trabajo, los empleados que sienten que pueden ser ellos mismos reportan mayor confianza, un compromiso más profundo y una felicidad más elevada (Buote et al., 2021). La autenticidad no solo es buena para el individuo, también impulsa el desempeño de los equipos. Se ha demostrado que el liderazgo auténtico aumenta la confianza, el compromiso emocional e incluso la creatividad en los equipos, produciendo mejores resultados en diversas industrias (Nair et al., 2021). Más recientemente, la investigación también encontró que la experiencia de autenticidad media nuestro sentido de propósito: cuando nos sentimos alineados con nuestro yo futuro, reportamos un mayor sentido de significado en la vida (Hong et al., 2024).

¿Pero qué significa realmente ser "auténtico"? En la conversación cotidiana, la gente suele decir cosas como "yo solo estoy siendo yo mismo" o "así soy yo" como una especie de escudo para conductas rígidas o reacciones emocionales. Pero en muchos casos, esos patrones no reflejan autenticidad, son respuestas ensayadas moldeadas por historias de reforzamiento. Decir “así soy yo” puede sentirse como la verdad, pero muchas veces es solo familiaridad.

Desde una perspectiva conductual, la autenticidad no se trata de expresar cada impulso ni de aferrarse a viejos hábitos en nombre de la identidad. Se trata de comportarse de manera alineada con los valores que has elegido, especialmente cuando esa conducta requiere esfuerzo, incomodidad o riesgo. La conducta auténtica es conducta coherente con valores, no meras respuestas instintivas o condicionadas.

Visto así, el yo no es una entidad fija, es un patrón dinámico de conducta moldeado con el tiempo por el entorno. Lo que haces, cómo hablas, lo que evitas, lo que persigues, todo eso compone tu “yo” conductual. ¿Y tu personalidad? No es más que un patrón coherente de conducta a través del tiempo y los contextos. La autenticidad se construye a través de repertorios aprendidos, no de rasgos heredados.

LA AUTENTICIDAD SE CONSTRUYE A TRAVÉS DE REPERTORIOS APRENDIDOS, NO DE RASGOS HEREDADOS.

Aquí está el problema: cuando la gente no entiende esto, confunde su conducta reforzada con su identidad. Reforzamiento simplemente significa que algo ocurrió después de la conducta que la hizo más probable de repetirse. Una persona podría decir: "yo solo soy sarcástico", cuando en realidad, el sarcasmo podría ser simplemente una estrategia de evitación muy ensayada que ha sido reforzada porque desvía la vulnerabilidad. Piensa en alguien que hace un chiste justo en el momento en que las cosas se ponen serias: todos se ríen, la tensión se rompe y listo, reforzado. Con el tiempo, esa risa se vuelve más reforzante que el riesgo de mostrarse real.

Del otro lado, el castigo ocurre cuando algo que sigue a la conducta la hace menos probable de repetirse. Otra persona podría afirmar: "yo no manejo emociones", cuando en realidad la expresión de sus emociones fue castigada en el pasado, tal vez fueron objeto de burlas, ignorados o silenciados. Con el tiempo, aprendieron a evitar esa conducta por completo.

La tragedia es que las conductas moldeadas para complacer a otros, en lugar de expresar nuestro yo auténtico, son las que reciben refuerzo. Nos convertimos en alguien más seguro, más aceptable, más conveniente para los demás. Con el tiempo, ese reforzamiento construye una máscara tan convincente que incluso nosotros mismos empezamos a creerla. Confundimos la conducta de supervivencia con autenticidad. Internalizamos los roles como si fueran realidad. Y perdemos acceso al propio yo que decimos estar expresando.

Para entender por qué, tenemos que mirar atrás, muy atrás, a las fuerzas evolutivas que nos moldearon. Como especie, los humanos sobrevivimos no porque seamos los animales más rápidos o más fuertes del planeta, sino porque somos los más adaptables. Desde las tundras heladas hasta los desiertos abrasadores, usamos herramientas, cultura y colaboración para adaptar los entornos a nuestras necesidades. Y así como los rasgos físicos se moldean por las demandas del entorno con el tiempo, la conducta también.

Como mencionamos antes, la conducta se selecciona por sus consecuencias, pero vale la pena detenernos aquí, porque esta verdad está en el núcleo de todo lo que sigue. Si algo produce reforzamiento, placer, alivio, aprobación, es más probable que lo repitamos. Si conduce a castigo, dolor, rechazo, incomodidad, lo evitamos. Este es el principio central de la ciencia del comportamiento: la conducta es función de sus consecuencias en un entorno determinado.

Entonces, ¿qué pasa cuando el entorno refuerza conductas que entran en conflicto con nuestros valores? ¿Qué pasa cuando defenderte es castigado, pero quedarte callado es recompensado? ¿Cuando la conformidad recibe elogios, pero la autenticidad recibe críticas? Obtienes conductas de supervivencia, adaptaciones que te ayudan a encajar pero que desgastan tu identidad. Ganas el asalto, pero pierdes la pelea.

Hagámoslo real. Imagina a una estudiante de secundaria que sueña con convertirse en artista. Pero en su familia, la creatividad se descarta como "una pérdida de tiempo", y solo se respetan las carreras prácticas como derecho o medicina. Cada vez que pinta, recibe miradas de desaprobación o silencio. Pero cuando llega a casa con dieces en ciencias, recibe elogios. Aprende a suprimir su lado creativo, no porque no lo ame, sino porque las consecuencias son castigadoras. Con el tiempo, olvida lo que alguna vez la hacía brillar.

Y no se trata solo de niños. También les pasa a los adultos. Piensa en el gerente corporativo que empezó con pasión por ayudar a la gente a crecer, pero que en algún punto fue absorbido por métricas, reuniones y mandatos. Pasa más tiempo marcando casillas que conectando con su equipo. Se dice a sí mismo que "solo está haciendo su trabajo", pero en el fondo sabe que se ha desviado. Ese dolor interno silencioso, ese es el costo de la desalineación.

Piensa en la madre que valora la conexión, pero que cada noche se encuentra adormeciéndose con vino y redes sociales. O en la maestra que entró a la profesión para empoderar a sus estudiantes, y ahora solo cumple con los trámites como una oficial de cumplimiento. Estos no son defectos de carácter. Son patrones moldeados por el reforzamiento, donde lidiar con el malestar recibe más recompensa que conectar, y cumplir recibe más recompensa que empoderar.

El problema no es solo que estamos moldeados por nuestros entornos, es que a menudo no nos damos cuenta de ello. La mayoría de las personas son malos observadores de su propia conducta. Son aún peores reconociendo cómo su conducta impacta en los demás. Y casi nunca son conscientes de cómo el entorno, tanto externo como interno, moldea sus acciones.

Esto conduce a una especie de piloto automático psicológico. Seguimos reglas sin darnos cuenta de que lo hacemos. Buscamos alivio en lugar de significado. Desempeñamos roles en vez de perseguir un propósito. Y con el tiempo, perdemos el contacto con quienes somos.

EL COSTO DE LA MIOPÍA CONDUCTUAL

En mi camino, y también en la investigación, aparece un culpable clave: lo que yo llamo *miopía conductual*. Al igual que la miopía visual, limita nuestra capacidad de ver el contexto más amplio de nuestra conducta. Respondemos a lo que está justo frente a nosotros, la expresión en la cara de alguien, el sonido de una notificación en el teléfono, el rápido golpe de dopamina por tener la razón, sin reconocer los efectos a largo plazo. Y así como la miopía óptica distorsiona tu campo de visión, la miopía conductual distorsiona tu sentido del yo.

Piensa en un padre que pierde la paciencia con su hijo después de un día largo. En el momento, explotar alivia la tensión. Pero el niño se retrae. La confianza se erosiona. El padre se siente culpable, pero no lo suficiente como para cambiar, porque el reforzamiento inmediato, el alivio, pesa más que el castigo lejano, el daño a la relación. No son malos padres. Son miopes en el sentido conductual.

Esto no se limita al hogar. Los líderes caen víctimas de la miopía conductual todo el tiempo. Pueden depender en exceso de tácticas de mando y control porque producen cumplimiento inmediato. Pero al hacerlo, erosionan la confianza, la autonomía y el compromiso con el tiempo. La "victoria" inmediata se convierte en una pérdida a largo plazo: agotamiento, resentimiento, rotación de personal.

En la ciencia del comportamiento, los valores funcionan como un tipo especial de regla. No están dictados por la cultura ni por el cumplimiento, están impulsados por el significado personal. Los valores no te dicen lo que tienes que hacer. Te dicen en qué quieres convertirte. Son patrones de acción libremente elegidos, no mandatos. Pero aquí está la paradoja: los valores suelen ser más difíciles de seguir que las reglas que nos imponen. ¿Por qué? Porque las reglas externas tienden a producir reforzamiento inmediato. Decir lo que se espera recibe elogios. Evitar conversaciones difíciles mantiene la paz. Los valores, en cambio, suelen retrasar el reforzamiento. Te piden que tomes el camino más difícil ahora a cambio de algo más profundo más adelante.

Por qué la Conciencia es tan Difícil

Aquí es donde se pone aún más complicado. La conciencia en sí misma requiere esfuerzo. Implica desacelerar lo suficiente para notar tu propia conducta, analizar las fuerzas que la moldean y considerar las consecuencias tanto a corto como a largo plazo. Pero en un mundo que se mueve con velocidad, reactividad y distracción, la autorreflexión puede sentirse como nadar contra la corriente.

Estamos condicionados para actuar rápido. Para deslizar la pantalla. Para pasar de una cosa a otra. Para arreglarlo todo ahora. Así que no es sorpresa que a muchos nos cueste quedarnos con la incomodidad el tiempo suficiente para examinar nuestros propios patrones. Cuando somos recompensados por dar respuestas rápidas, dejamos de hacernos preguntas más profundas. Cuando encajar recibe reforzamiento, dejamos de explorar quiénes somos fuera de esos roles.

> LA MIOPÍA CONDUCTUAL MANTIENE A LAS PERSONAS ATRAPADAS EN CICLOS QUE NO PUEDEN VER.

Muchas personas caminan por la vida con un punto ciego conductual. Se sienten frustradas, abrumadas o desconectadas, pero no logran nombrar con claridad por qué. La mayoría no está rota, simplemente nunca se les enseñó cómo observar su propia conducta de una manera significativa.

Esto lleva a culpar a otros por los problemas en las relaciones sin examinar los propios patrones de reforzamiento. Alimenta la sensación de impotencia en el trabajo mientras se ignoran las conductas que perpetúan la falta de compromiso. Y quizá lo más trágico, aleja a las personas de los valores que podrían darle verdadero sentido a sus vidas.

Milgram y el Costo de la Obediencia Incuestionada

Esta tensión se refleja en uno de los estudios más conocidos de la psicología: el experimento de obediencia de Milgram. En la década de 1960, el psicólogo Stanley Milgram buscó entender cómo personas comunes podían causar daños extraordinarios bajo la autoridad. A los participantes se les instruyó para que aplicaran descargas eléctricas cada vez más intensas a otra persona (un actor, desconocido para ellos) cada vez que esa persona respondiera mal a una pregunta. A pesar de escuchar gritos de dolor, o silencio que implicaba inconsciencia, muchos participantes continuaron aplicando las descargas simplemente porque una figura de autoridad se los ordenaba.

No eran malvados. Eran humanos. Su conducta seguía las reglas del reforzamiento. La presencia del experimentador, la estructura de la tarea y la ausencia de consecuencias inmediatas reforzaban el cumplimiento. Sus valores, como la compasión o la responsabilidad moral, fueron anulados por reglas externas.

Ese es el peligro de vivir sin conciencia. Puedes seguir las reglas equivocadas durante mucho tiempo antes de darte cuenta de que te has alejado demasiado de lo que realmente importa.

INTELIGENCIA ADAPTATIVA: LA ACTUALIZACIÓN CONDUCTUAL

Aquí es donde aparece la *inteligencia adaptativa* (Gavoni & Ventura, 2025), no como una palabra de moda, sino como la práctica de redirigir tu conducta hacia valores a largo plazo en lugar de hacia alivios a corto plazo. No es solo la habilidad de sobrellevar las cosas. Es la capacidad de observar tus propios patrones, identificar lo que los está moldeando y cambiar tu conducta de maneras que te acerquen a tus valores. Es la autoconciencia en acción.

Y no es algo teórico, es medible. La inteligencia adaptativa implica un conjunto de competencias conductuales:

- Observación: notar tu propia conducta, tus estados internos y las consecuencias que producen.
- Análisis: identificar qué variables, antecedentes, patrones de reforzamiento y operaciones motivacionales moldean esa conducta.
- Adaptación: realizar cambios conductuales deliberados que alineen tus acciones con tus valores.

Esto no es psicología superficial. Esto es análisis de la conducta aplicado en el contexto del potencial humano. La inteligencia adaptativa tiende un puente entre la ciencia y el autoliderazgo.

Aplicación Práctica: Cómo Se Ve En La Realidad

En las relaciones, la inteligencia adaptativa puede verse como reconocer que cuando tu pareja se retrae no significa que "sea fría", sino que está respondiendo a tu tono crítico. Puede significar pasar del sarcasmo a la curiosidad: elegir preguntar en lugar de desviar. O elegir reforzar la apertura en vez de castigar la vulnerabilidad.

En el trabajo, la inteligencia adaptativa puede verse como reconocer que la falta de compromiso a menudo sigue patrones de evitación, especialmente en torno a conversaciones difíciles. Significa rastrear esa conducta, identificar barreras como el miedo o un historial de conflicto, y moldear nuevas acciones impulsadas por valores, como programar una sesión de retroalimentación o hablar en una reunión.

Por ejemplo, alguien con un valor central de honestidad aún puede mentir en situaciones de alta presión si su entorno castiga decir la verdad. La inteligencia adaptativa significa reconocer ese patrón, comprender las contingencias en juego y moldear de manera deliberada nuevas conductas que honren ese valor. Puede significar soportar la incomodidad de una conversación difícil. Puede significar establecer límites donde antes no los había. Incluso puede significar alejarse de entornos llenos de reforzadores que violan tu sentido del yo.

No Se Trata De Perfección, Se Trata De Precisión

La inteligencia adaptativa implica perspectiva. Se trata de notar cuándo la conducta está siendo impulsada por la costumbre en lugar de por la intención. Significa preguntarte: ¿esto soy realmente yo? ¿O solo es un patrón que he repetido con el tiempo? ¿Esta elección me está acercando a la vida que quiero, o me está alejando de ella?

El enfoque es la alineación. Contacto diario con los valores. Una vida moldeada por lo que más importa, a través de la acción intencional, no de la conveniencia o la comodidad. El análisis de la conducta nos muestra que la conducta no es aleatoria. Es ordenada, medible y modificable. Y una vez que entiendes la ciencia detrás de tus acciones, puedes empezar a retomar la pluma y reescribir tu propia historia.

Eso fue lo que hice. No todo de golpe. No sin dolor. Pero con una conciencia creciente de que estaba viviendo patrones que ya no me servían, ni a mí ni a nadie más. Lo que sigue es el viaje personal que me llevó a esa realización. Es vulnerable. Es conductual. Y si estás dispuesto a comprometerte con ello de manera honesta, quizá cambie la forma en que ves tu propia vida.

LA DESCONEXIÓN

He seguido siendo agradecido. Hablo por todo el país, e incluso por el mundo, sobre ciencia del comportamiento, liderazgo y desempeño. He escrito libros. Construido programas. He asesorado a escuelas, clínicas, empresas e incluso a peleadores en la jaula. Y amo cada parte de ello.

Cuando estoy frente a una sala, cuando alguien me lanza una pregunta desafiante en un taller, cuando enseño a la gente a usar la ciencia del comportamiento para ayudarse a sí mismos y a otros, cobro vida. Me siento confiado. Con los pies en la tierra. Con propósito.

Y la gente lo nota. Se me acercan después de las charlas y me dicen cosas como:

- "Quiero ser como tú cuando crezca."
- "Caray, quisiera poder presentar así."
- "Eres la razón por la que volví a este trabajo."
- "Soy un gran fan."
- "Cambiaste mi manera de pensar."

Todas son cosas muy humildes de escuchar. Especialmente porque, durante mucho tiempo, no sentí que las mereciera. No porque pensara que era un fraude, yo sabía lo que hacía. Había puesto las horas de práctica. Tenía la evidencia. Tenía los resultados. Pero como seguía peleando por dentro, cargaba conmigo una ansiedad silenciosa y persistente. Un miedo al abandono sembrado desde temprano y reforzado una y otra vez. Una duda constante que se colaba en los momentos de quietud.

Soy peleador hasta la médula, no solo en el ring, sino en la vida. Peleo por lo que creo. Peleo para empoderar a otros. Y peleo con todo para ser mejor, por mí y por la gente que me importa.

Podía estar de pie en un escenario frente a miles… pelear frente a diez mil… y sentir que caminaba en mi propósito. Pero luego volvía a la habitación del hotel y sentía que me estaba desmoronando. Como si la versión de mí que ellos admiraban no fuera toda la historia.

"Si tan solo conocieran al verdadero yo…"

Ese pensamiento me seguía como una sombra. Lo bien que peleaba, lo confiado que parecía. No importaba cuántos mensajes amables recibiera o cuántas veces me invitaran de nuevo a hablar. No conocía a mi yo auténtico. O quizá, más exactamente, no lo reconocía cuando lo veía.

Esa desconexión me comía por dentro. Me llevó a la reflexión. Y esa reflexión eventualmente se convirtió en preguntas, preguntas que no quería hacerme, pero tenía que hacer. Si me estoy mostrando para la gente, siendo servicial, amable y bien intencionado… ¿por qué siento que estoy dando tanto y recibiendo tan poco?

No estaba llevando la cuenta. Realmente disfrutaba ayudar a las personas, lo llevo en los huesos. Empoderar a otros a través de la ciencia del comportamiento es uno de mis valores más profundos. Y hasta me decía a mí mismo: no espero que la gente haga lo que yo puedo hacer. En algunos aspectos soy privilegiado, bendecido con energía, capacidad y recursos que otros tal vez no tienen. Pero incluso con ese diálogo interno, algo seguía sintiéndose mal.

Porque cuanto más hacía, peor me sentía.

Ese contraste interno creció a medida que la brecha entre lo que daba y lo que recibía a cambio se hacía más amplia. No solo en lo emocional, también en lo conductual. Y ya no podía ignorarlo.

MI VERGÜENZA

Entonces llegó la vergüenza, solo por sentirme así. Empecé a pensar que quizá estaba siendo egoísta. Así que reprimí ese pensamiento y compensé con más esfuerzo. Trabajé más. Di más. Me mostré con más fuerza. Lo que fuera con tal de silenciar la incomodidad. Pero en lugar de resolver el problema, solo lo empeoró.

SI SOLO CONOCIERAN LA VERDADERA YO ...

Esto no se limitaba a una parte de mi vida. Te lo digo, este patrón aparecía en todas partes.

En el trabajo, yo era el tipo que hacía lo extra, el compañero que se lanzaba y resolvía A-B-C. En los negocios, yo entregaba de más en las alianzas, planeando, dando recursos, ejecutando. En las relaciones personales, era el que estaba al pendiente, planeaba, apoyaba, consolaba, daba el paso al frente.

En la ciencia del comportamiento, llamamos a la forma externa de una conducta, lo que se ve por fuera, su topografía. La mía variaba. Pero en lo funcional, es decir, en el propósito que esas conductas servían, todas eran lo mismo.

Mírame. Valórame. Fíjate en todo lo que estoy haciendo.

Porque en el fondo cargaba con esta vieja creencia:

No soy importante. No valgo.

Y a corto plazo funcionaba. Había un golpe de dopamina, la gente en general lo apreciaba en el momento. Podía sentir ese subidón temporal cuando alguien decía "gracias" o mostraba alivio porque yo intervenía. Pero nunca duraba.

Y con el tiempo, empecé a notar algo más.

Había señales sutiles: vacilaciones, expresiones incómodas, evasiones. Era como si la gente dijera en silencio: "Por favor, no hagas más." Lo apreciaban, pero ya estaban al límite. Tal vez estaban haciendo lo mejor que podían y yo no lo veía. Tal vez mi sobrefuncionamiento creaba sin querer un contraste: Mira todo lo que hago vs. Mira lo poco que haces tú, aunque esa nunca fuera mi intención. Ahora me doy cuenta de que ese tipo de contraste, real o percibido, puede cambiar las dinámicas de maneras que nadie quiere.

Y desde su perspectiva, probablemente se sentía como demasiado. Así como desde la mía, se sentía como insuficiente. Quiero ser claro, no estoy culpando a nadie. No estoy pintando a las personas como egoístas o negligentes. Estoy diciendo que es difícil reconocer estos patrones desde tu propia perspectiva.

Pero una vez que tomé distancia y observé la función de mi propia conducta, ya no pude dejar de verla. No siempre era el problema, pero siempre era parte de la imagen. Y tuve que reconocer que mi conducta, aunque bien intencionada, era parte del patrón del que quería escapar.

Ahí fue cuando supe que tenía que dejar de culpar los resultados y empezar a observar las causas.

La Conciencia Comienza Con Los Patrones

Aquí está la verdad que tuve que enfrentar: no siempre es mala suerte. Y no siempre son las personas a tu alrededor. A veces, al menos en parte, eres tú.

No puedes controlar cómo se comportan los demás. No puedes reescribir su historia de reforzamiento ni forzarlos a que se muestren de otra manera. Pero lo que sí puedes controlar es tu propia conducta. Y no puedes cambiar una conducta que ni siquiera has notado. Esa es la parte difícil. Tienes que empezar por observar tu propia conducta y el impacto que tiene. Eso incluye cómo afecta a los demás y cómo te afecta a ti.

Empecé a escribir en un diario y a reflexionar, y comencé a ver mis propias huellas en las situaciones que me dejaban ansioso, agotado o frustrado. No siempre era la causa, pero siempre estaba en la escena. La autoconciencia no es un rasgo místico. Es conductual. Es el resultado de la observación, la reflexión y la acción repetidas.

Pero aquí está el problema: la mayoría de la gente es mala observando su propia conducta. Son aún peores para notar el impacto de su conducta en su entorno. Y lo peor de todo es que casi nunca son conscientes de cómo su entorno impacta en su conducta, especialmente el entorno interno.

ESA REALIZACIÓN, QUE MI CONDUCTA ERA PARTE DEL PATRÓN, ME GOLPEÓ FUERTE.

Ese entorno incluye lo que ocurre fuera de nosotros, personas, lugares, cosas. Y lo que ocurre dentro de nosotros como resultado de esas cosas, pensamientos, emociones, reglas por las que vivimos.

Este ciclo de retroalimentación, entre nuestra conducta y el entorno, es constante. No siempre es visible, pero siempre está en funcionamiento. Y para entenderlo mejor, ayuda tomar distancia.

ROMPIENDO EL CICLO: ANSIEDAD, CONTROL Y LA CONDUCTA DE LA ACEPTACIÓN

Esa realización, que mi conducta era parte del patrón, me golpeó fuerte.

Porque una vez que lo vi, tuve que enfrentar una verdad incómoda: no solo estaba reaccionando a la vida, estaba intentando controlarla. ¿Y debajo de ese control? Ansiedad. Siempre ansiedad.

Pero no del tipo que grita. Era del tipo que zumba bajo la superficie, silenciosa, persistente e implacable. Me impulsaba a analizar conversaciones, a sobreprepararme para situaciones, a ensayar mentalmente los resultados y a escanear en busca de amenazas ocultas. Y aunque esas conductas parecían resolución de problemas, en realidad eran solo intentos ensayados de evitar la incomodidad.

La ansiedad no ocurre en el vacío. Está moldeada conductualmente.

Nuestra experiencia interna no surge de la nada. En la mayoría de los casos, los eventos en el entorno externo evocan eventos privados —pensamientos, sensaciones, reglas— que moldean cómo nos sentimos y lo que hacemos después. Esa interacción entre lo que pasa fuera de nosotros y lo que pasa dentro de nosotros crea la presión para actuar.

¿Y esas respuestas? No son aleatorias. Están moldeadas evolutivamente.

Pelea, huida, parálisis y complacencia, cada una es lo que llamamos una clase funcional de respuesta. Piénsalo como un balde lleno de distintas conductas que todas cumplen el mismo propósito. Las conductas dentro pueden verse diferentes, pero funcionan de la misma manera: reducir la amenaza o la incomodidad. Pelea puede verse como responder con enojo o ponerse a la defensiva. Huida puede ser evitar, distraerse o salir de la habitación. Parálisis puede significar quedarse en silencio, apagarse o desconectarse. Y complacencia es buscar agradar, apaciguar, sobreexplicar, cualquier cosa para suavizar la tensión y mantener la conexión.

Estos "baldes" conductuales se moldearon con el tiempo porque ayudaron a nuestra especie a sobrevivir. Fueron reforzados por sus consecuencias: evitar el daño, restaurar la seguridad y mantener la aceptación del grupo.

Debajo de esas conductas de supervivencia hay emociones poderosas: miedo, ansiedad, ira, vergüenza. Eran las alarmas de la evolución, señales que nos preparaban para actuar rápido, mantenernos a salvo y conservar nuestro lugar en el grupo.

Emociones, Evolución Y Los Desencadenantes De Hoy

En nuestro pasado ancestral, estas respuestas emocionales automáticas eran salvavidas. El miedo nos mantenía alertas frente a los depredadores, la ansiedad nos empujaba a anticipar el peligro y la vergüenza nos ayudaba a evitar acciones que podían llevarnos a ser expulsados y quedarnos solos. Complacer a otros, ponerlos primero, suavizar las cosas, mantener la paz, no era solo cortesía; era asegurar que permaneciéramos conectados a la tribu, ya que la soledad podía significar peligro o incluso la muerte. En ese mundo impredecible, pertenecer al grupo y reaccionar rápido lo era todo.

Pero en la sociedad moderna, los mismos desencadenantes, que ahora pueden ser un correo crítico, una reunión incómoda o un rechazo en línea, pueden empujarnos a viejos patrones reactivos que ya no encajan con el peligro actual. Por ejemplo, el impulso de complacer o evitar conflictos quizá ayudó a nuestros ancestros a mantenerse a salvo, pero hoy puede alejarnos de nuestros propios valores y prioridades. Nuestro sistema nervioso no siempre distingue entre una amenaza real y una ofensa social percibida, así que aún recibimos la descarga de adrenalina o la urgencia de retirarnos, incluso cuando no es realmente cuestión de supervivencia. Lo que una vez nos salvó, hoy puede sabotearnos. Ese es el gran paradoja en un mundo evolucionado.

Estos patrones de conducta, a menudo vinculados a desencadenantes emocionales, fueron moldeados por el reforzamiento para protegernos. Pero eso no significa que apoyen la autenticidad o que nos ayuden a construir una vida alineada con nuestros valores.

Por eso construir conciencia lo es todo. Cuando reconocemos que nuestras respuestas emocionales automáticas fueron diseñadas para un mundo que ya no existe, damos el primer paso hacia responder con intención y no solo con instinto. La conciencia nos permite interrumpir el ciclo automático y empezar a actuar al servicio de nuestros valores, no solo de nuestros miedos.

La atracción de esos viejos patrones es fuerte, porque actuar en base a ellos reduce la incomodidad en el corto plazo. Evitar conflictos, quedarse callado o complacer a otros puede hacer que las cosas se sientan más seguras en ese momento. Pero con el tiempo, esas mismas conductas pueden alejarnos más de nuestras verdaderas prioridades y de nuestro sentido del yo. En otras palabras, estas conductas reducen la incomodidad, pero al costo de la alineación. Las victorias a corto plazo no suman a una vida que refleje quién eres realmente. Vamos a desmenuzarlo.

Ganas El Asalto, Pero Pierdes La Pelea

Tus eventos privados, pensamientos, preocupaciones, escenarios imaginados, actúan como operaciones motivacionales. Aumentan el valor de la certeza y el control. Esa incomodidad da la señal a la conducta: rumiar, sobreexplicar, complacer a la gente, planear lo peor. Esas conductas reciben reforzamiento negativo. Reducen la incomodidad inmediata, creando la ilusión de alivio.

Así es como se ve:

Digamos que le escribes a alguien y no responde durante horas. Ese silencio desencadena una avalancha de pensamientos: ¿habré dicho algo mal? ¿Estará molesto? ¿Me estarán ignorando? Esos pensamientos generan incomodidad, así que actúas: quizá vuelves a leer el mensaje, empiezas a redactar un seguimiento, revisas sus redes sociales o incluso decides "hacerte el indiferente" la próxima vez para no sentirte tan expuesto. ¿Y por un momento? Te sientes mejor. Hiciste algo. Pero lo que realmente reforzaste fue el hábito de perseguir control, no alineación. Actuaste para escapar de la incomodidad, no para acercarte a lo que importa.

Ahora cambia a un entorno profesional. Estás a punto de presentar una idea en una reunión de equipo. Crees en ella, está alineada con tus valores, pero justo antes de hablar, tu mente se activa: ¿y si la rechazan? ¿y si sueno ridículo? Esa incomodidad da la señal a la evitación. Te quedas callado. Asientes ante la idea de alguien más. Juegas a lo seguro. Funciona en el momento. Pero con el tiempo, esas microdecisiones te alejan más de tus valores, y así es como pierdes la pelea más grande.

No hay nada malo en querer tener control. Intentar influir en los resultados es una parte normal y adaptativa de ser humano. Pero cuando tu conducta está impulsada por la necesidad de controlar a otras personas para reducir tu propia ansiedad, es cuando los problemas empiezan a acumularse. Porque no te engañes: modificar tu conducta para evitar incomodidad y parecer más aceptable es un intento de controlar las respuestas de los demás. No solo estás reaccionando. Estás gestionando impresiones. Te estás doblando de maneras sutiles para perseguir aprobación, evitar desaprobación o preservar relaciones, a costa de vivir en alineación con tus valores.

Y cada vez que haces eso, estás reforzando la conducta inauténtica. No porque seas falso, sino porque evitar se siente más seguro que dejarse ver.

Por eso digo: la ansiedad es lo que aparece cuando el control toma el mando y la aceptación desaparece. Si quieres romper el ciclo, deja de intentar controlar el resultado y empieza a practicar la aceptación.

Desde hace mucho sabía que las conductas en las que me estaba metiendo, la preocupación, la rumiación, el sobreanálisis, el complacer a la gente, en realidad lo empeoraban. Cada vez que actuaba con ellas, las estaba fortaleciendo. Estaba reforzando justamente los patrones que me mantenían atrapado. Se convirtieron en hábitos a los que recurría automáticamente, sin darme cuenta de que estaba atrapado en un ciclo.

Pero no soy solo yo. Todos hacemos esto. Actuamos de maneras que reducen momentáneamente la incomodidad: enviar un mensaje duro, cancelar planes, quedarnos callados, decir que sí cuando queremos decir que no. Estas respuestas traen alivio inmediato, y ese alivio refuerza la conducta. El mismo ciclo aparece en cómo comemos, nos movemos y descansamos. Buscamos comida, saltamos el entrenamiento o nos quedamos despiertos navegando porque esas acciones nos dan comodidad rápida. Desafortunadamente, cuanto más repetimos esas conductas, más fuertes se vuelven. Con el tiempo, esos patrones cobran vida propia, repitiéndose automáticamente y moldeando cómo nos mostramos en todas las áreas de la vida. Funciona en el momento. Pero no funciona a largo plazo.

"GANAS EL ASALTO, PERO PIERDES LA PELEA"

Y eso coincide con lo que sabemos sobre la ciencia del comportamiento humano: tendemos a desviarnos hacia lo que se siente mejor, más rápido. Cuanto más inmediato es el alivio, más probable es que repitamos la conducta, incluso si sabotea lo que más importa.

Pero pierdes la pelea.

Son los peleadores que mantienen la mirada en el premio, los que se anclan en metas a largo plazo impulsadas por valores y actúan en servicio de esas metas en lugar de evitar el dolor momentáneo, los que ganan la pelea.

Un neurocientífico podría decir que estamos fortaleciendo circuitos neuronales. Un científico del comportamiento diría que estamos fortaleciendo conductas. De cualquier manera, el resultado es el mismo: más de lo que no queremos.

Incluso la rumiación es conducta. Que ocurra en privado, en forma de pensamientos y sentimientos, no significa que no cuente. Los eventos privados siguen siendo conducta. Son encubiertos, sí, pero siguen las mismas reglas. Y pueden moldearse igual que cualquier otra cosa.

Entonces, ¿cómo empezamos a ganar la pelea por la autenticidad? Para mí, todo comenzó con practicar la aceptación, no solo como un sentimiento, sino como un cambio conductual.

Practicar La Aceptación Como Un Cambio Conductual

Una vez que me hice consciente del patrón, empecé a construir una conducta de reemplazo. En el momento en que notaba ese impulso de sobrepensar o controlar, respiraba lento y decía, ya fuera en silencio para mí mismo o en voz alta si estaba solo: "La aceptación es gravedad".

La mayoría de la gente escucha la palabra aceptación y se imagina a alguien rindiéndose, dejándose vencer. Eso es un error. La aceptación es conducta. Es el acto de permitir que los eventos privados incómodos, pensamientos, impulsos, emociones, existan sin reaccionar para cambiarlos. No es un sentimiento. Es una decisión que tomas con tu conducta.

Cuando te detienes en medio de un impulso difícil, cuando respiras y dejas que un pensamiento o emoción exista sin perseguirlo ni rechazarlo, eso es aceptación en acción.

Y es repetible.

Cada vez que permites la incomodidad sin alimentarla, estás participando en una clase de respuesta que te acerca a la alineación a largo plazo. Estos momentos a menudo se sienten difíciles al principio, pero moldean un nuevo patrón, uno que se fortalece con cada repetición.

La recompensa no siempre aparece de inmediato. Pero cuanto más practicas la aceptación, más espacio creas para la conexión, la vida basada en valores y la flexibilidad conductual.

La aceptación es una habilidad. Es una práctica. Y se puede construir. No conozco a nadie que la haya descrito exactamente así, pero aquí está lo mejor que puedo hacer desde lo conductual:

Lo que he llegado a reconocer es que, como parte del proceso de aceptación, he estado participando en una forma de desensibilización a microescala, un concepto fundamentado en la ciencia del comportamiento. En la terapia conductual tradicional, la desensibilización sistemática se usa para ayudar a alguien a enfrentar gradualmente situaciones que generan ansiedad en dosis pequeñas y controladas. El objetivo es asociar esas situaciones con respuestas calmadas e incompatibles, reduciendo con el tiempo el golpe emocional.

En contraste, la inundación implica exponer a la persona de golpe al estímulo temido, sin escapatoria. Puede funcionar, pero es intenso y a menudo falla cuando la persona no está lista.

Yo no estaba haciendo ninguna de las dos formalmente. Pero funcionalmente, sí estaba haciendo algo parecido, de manera encubierta, conductual y deliberada.

Cada vez que surgía un pensamiento ansioso, generalmente vinculado a mi deseo de controlar, no lo evitaba. Tampoco me perdía en él. Interrumpía el patrón anclándome a una frase sencilla: "La aceptación es gravedad". Esa frase era una señal conductual. Una regla que me ayudaba a pasar de la reacción a la intención. De la evitación a la alineación.

Y si hubiera llevado un registro de los datos, creo que las tendencias habrían mostrado tres cambios importantes:

- La intensidad de los pensamientos ansiosos disminuyó.
- La frecuencia bajó.
- Y la latencia, el tiempo entre el desencadenante y el pensamiento, se fue alargando más y más.

Eso es cambio conductual.

No fue fácil. Tuve que convertirlo en un hábito. Al principio, todavía dolía, solo que no tanto. No tan seguido. Y con el tiempo, la frase "La aceptación es gravedad" se convirtió en una regla a la que podía acudir automáticamente en esos momentos. Una conducta de reemplazo para la rumiación. Un estímulo discriminativo interno que daba la señal de actuar en alineación con valores y no con impulsos.

No solo estaba tolerando la ansiedad, estaba reforzando la versión de mí en la que quería convertirme. Eso es gravedad.

Se convirtió en mi ancla. Una señal. Una regla que podía contactar en el momento para cambiar cómo respondía. Me recordaba que lo mejor que puedo hacer es ser lo mejor que puedo ser. Fortalecer mi gravedad. Porque cuando lo hago, las personas y oportunidades correctas son atraídas hacia mí, de forma natural, sin esfuerzo. No tengo que perseguirlas.

Ese cambio no fue inmediato. Pero con el tiempo, algo cambió. El ciclo se volvió más débil. Mis acciones más claras. Y lo que estaba reforzando comenzó a alinearse con la persona en la que realmente quería convertirme.

Así que inténtalo. Dilo en voz alta o en tu mente: "La aceptación es gravedad". O encuentra tu propia frase que te ancle. Úsala como un reemplazo conductual para los patrones que estás tratando de cambiar.

Porque cada vez que te dices a ti mismo "La aceptación es gravedad", estás haciendo más que calmarte. Estás reconfigurando. Estás contactando una regla verbal que se alinea con tus valores. Estás interrumpiendo una vieja cadena de evitación. Estás reforzando una nueva, anclada en conciencia y acción.

Sí, la ansiedad puede ser el síntoma. Pero la función, esa es la evitación y el control.

¿Y el costo? Tu autenticidad. Porque cada vez que eliges alivio a corto plazo en lugar de alineación a largo plazo, entregas una parte de ti mismo.

Ahí fue donde las cosas empezaron a cambiar para mí. No porque la ansiedad desapareciera, sino porque dejé de intentar escapar de ella. Empecé a observarla. Empecé a elegir valores en lugar de impulsos.

Y ahí es donde la conciencia realmente comienza. No en eliminar la incomodidad, sino en aprender a sentarte con ella y aun así elegir quién quieres ser. Pero la conciencia personal por sí sola no es suficiente. Para cambiar de verdad, necesitamos entender los entornos que seleccionan y refuerzan nuestras conductas.

EL ENTORNO SELECCIONA LA CONDUCTA

Todo esto, los hábitos, los impulsos, la búsqueda de alivio, no es aleatorio. No es debilidad. No es estar roto. Es conducta moldeada por el reforzamiento y refinada por la evolución.

La verdad es que estamos programados para sobrevivir, no para la autenticidad. Nuestras respuestas más automáticas no fueron diseñadas para ayudarnos a vivir una vida con significado, fueron diseñadas para mantenernos con vida.

Y aunque alguna vez nos protegieron de depredadores y del exilio, esas mismas respuestas, pelear, huir, paralizarse y complacer, ahora aparecen en salas de juntas, dormitorios y chats de texto. Son funcionales, rápidas y profundamente condicionadas. Pero si queremos vivir en alineación y no solo sobrevivir, tenemos que detenernos y entender qué las está impulsando.

Como vimos antes, el entorno selecciona la conducta. Así que la pregunta se vuelve: ¿cómo moldear tu entorno para reforzar la autenticidad en lugar de la evitación?

Repetimos lo que recibe reforzamiento en el contexto que nos rodea. Esa es la ciencia del comportamiento humano. Y aquí hay algo que incluso los científicos del comportamiento a veces pasan por alto: nuestra conducta se convierte en una señal ambiental para los demás. Su conducta, a su vez, se convierte en parte de nuestro entorno.

Esa es la belleza y la responsabilidad de la conducta. No actuamos en aislamiento, co-creamos entornos a través de nuestras acciones. Cada tono de voz, mirada, silencio o resistencia se convierte en una señal. Y en respuesta, otros cambian, se retraen, participan o se aferran con más fuerza. Conducta moldeando conducta, momento a momento.

Por favor recuerda que esto no se trata solo de las relaciones personales, se trata de todo. Entrevistas de trabajo. Ascensos. Colaboraciones. Oportunidades creativas. Incluso esas oportunidades aparentemente aleatorias que se cruzan en tu camino. La mayoría de los resultados en la vida son producto de contingencias conductuales interconectadas, esos bucles de "si/entonces" que influyen en lo que hacemos y en cómo responden los demás. Si hago esto, entonces pasa aquello. Si me muestro de esta manera, entonces otros responden de esa manera.

LA MAYORÍA DE LOS RESULTADOS EN LA VIDA SON PRODUCTO DE CONTINGENCIAS CONDUCTUALES INTERCONECTADAS, ESOS BUCLES DE "SI/ENTONCES" QUE INFLUYEN EN LO QUE HACEMOS Y EN CÓMO RESPONDEN LOS DEMÁS.

Estos bucles están en todas partes. Y lo que la mayoría de la gente no reconoce es que su conducta está siendo moldeada por esos bucles y, al mismo tiempo, los está moldeando en tiempo real. Así que si quieres resultados diferentes, ya sea conseguir un trabajo, obtener una oportunidad, construir mejores relaciones o ganar más confianza, algo tiene que cambiar. Y a menudo, empieza contigo.

Si quieres que las personas se comporten de manera distinta contigo, en el trabajo, en casa o en cualquier otro lugar, tienes que cambiar el entorno en el que ellas actúan. Y eso muchas veces significa cambiar tu propia conducta primero.

No puedes seguir haciendo lo mismo y esperar resultados distintos.

Tienes que estar dispuesto a adaptarte, a cambiar cómo te presentas, cómo respondes, cómo refuerzas y cómo proteges tu propia energía. Eso requiere vulnerabilidad radical e inteligencia adaptativa, dos cosas que no son fáciles de practicar.

Pero mirarme al espejo, de verdad mirarme, valió la pena.

Hoy puedo estar erguido. No juzgo a otros por su conducta, ese es el camino que les toca recorrer. Me siento seguro de quién soy y de lo que estoy haciendo. No necesito depender de otros para validarlo. Ellos van a hacer lo que hagan. Mientras yo camine en alineación con mis valores, estoy en una misión, avanzando hacia lo que me importa. Y cuando la misión está alineada, la conducta se refuerza a sí misma.

Y algo extraño sucede cuando haces eso…

Te vuelves como la gravedad. Las personas correctas y las oportunidades correctas empiezan a gravitar hacia ti.

No puedo explicarlo del todo. Tal vez hay un mecanismo conductual detrás de ello. Pero se siente como que, cuando te enfocas en lo que es significativo, comienzas a atraer esas cosas hacia ti. Y eso te da algo que no tienes cuando estás sobrefuncionando y persiguiendo aprobación: opciones. Opciones de decir sí o no. Opciones de conectar o alejarte. Opciones de elegir lo que realmente es correcto para ti.

Y de eso se trata realmente convertirte en tu yo auténtico: no solo saber quién eres, sino comportarte como tal, de manera consistente, en todos los contextos, sin importar quién esté mirando. Pasar de la comprensión a la acción requiere intención. Aquí tienes seis prácticas, basadas en investigación, para crecer activamente en tu yo auténtico.

6 MANERAS PRÁCTICAS DE CRECER EN TU YO AUTÉNTICO

1. Registra Los Patrones

No solo lo pienses, escríbelo. La mente es ruidosa. Edita, justifica, olvida y protege. Pero cuando empiezas a registrar lo que realmente sucede, lo que sigue apareciendo, comienzas a ver lo que es real, no solo lo que se siente verdadero en el momento.

Si no sabes por dónde empezar, comienza con lo que duele.

- ¿Qué tipo de situaciones te dejan frustrado, ansioso, ignorado o agotado?
- ¿Qué dinámicas se repiten en distintos contextos, con diferentes personas, pero con resultados extrañamente similares?

Es un patrón recurrente. Y los patrones son datos.

En la ciencia del comportamiento sabemos que la conducta repetida tiene una función, produce algo que se prefiere o ayuda a evitar algo aversivo. Así que si un bucle emocional o situacional específico sigue repitiéndose en tu vida, no es que simplemente te esté pasando. Estás dentro de él. Estás participando en él. Esa realización te da influencia. Porque si eres parte del patrón, tienes poder sobre el patrón.

Pero incluso cuando tratamos de notar nuestros patrones, es fácil perder partes de la imagen.

Una razón es lo que se llama sesgo de confirmación. Desde una perspectiva conductual, una vez que hemos contactado una regla sobre nosotros mismos ("Siempre me ignoran"), sobre otra persona ("Mi jefe nunca escucha") o sobre una situación ("Estas reuniones no tienen sentido"), nuestra conducta tiende a enfocarse en información que encaja con esas reglas. Somos más propensos a notar eventos que confirman lo que ya creemos, y nuestra atención a esos eventos se ve reforzada por la sensación de reconocimiento, validación o reacción emocional que proporcionan. Los momentos que desafían nuestras reglas, como ser agradecido, ser escuchado o ver que una reunión va bien, a menudo no resaltan y tal vez no contacten reforzamiento de la misma manera, por lo que la vieja historia se mantiene. De esta forma, nuestra atención selectiva y nuestra memoria son moldeadas y mantenidas por los patrones de reforzamiento en nuestro entorno, no solo por preferencia.

> "SI ERES PARTE DEL PATRÓN, TIENES INFLUENCIA SOBRE EL PATRÓN."

Por eso la autoconciencia real significa registrar no solo lo que se siente familiar o verdadero, sino también buscar las excepciones, los momentos en que las cosas salen diferentes o cuando tu regla no encaja del todo. Al expandir lo que notas, te das la oportunidad de cambiar tus patrones y liberarte de conductas que ya no te sirven.

Y no mires solo la conducta de otros, mira también la tuya:

- ¿Qué haces justo antes de que estas situaciones se desarrollen?
- ¿Cómo respondes normalmente después?
- ¿Qué te dice tu mente para justificar que sigas en el ciclo?

Escribe eso también. No necesitas un diario de 30 páginas. Los puntos breves funcionan. Solo estás buscando recurrencias, las migas de pan conductuales que te llevan de regreso a ti mismo.

Porque antes de poder cambiar algo, tienes que verlo. Y antes de verlo con claridad, tienes que registrarlo.

2. Acepta Que Tu Conducta Es Una Variable

Esto no se trata de culpa, se trata de influencia. No eres responsable de todo lo que te sucede. Otras personas tienen sus propias historias de aprendizaje, sus propios detonantes y sus propios patrones de conducta. Pero aquí está lo cierto:

Siempre eres parte del sistema. Y tu conducta es una de las variables que influyen en ese sistema, lo sepas o no. Si sigues viendo los mismos patrones dolorosos en diferentes contextos, en el trabajo, en las relaciones, en tu comunidad, tienes que considerar la posibilidad de que tu conducta no solo esté presente… puede que sea decisiva.

No siempre el problema. Pero tal vez parte del patrón. Y potencialmente la variable que define cómo se desarrollan las situaciones. No eres defectuoso, y esto no es tu culpa. Significa que tienes poder. Porque las variables pueden cambiarse. Las conductas pueden moldearse. Los patrones pueden interrumpirse.

Aquí es donde empieza la transformación. No en arreglar a otras personas. No en encontrar el trabajo perfecto, la pareja perfecta, el jefe perfecto o las circunstancias perfectas. Sino en mirar tu propia conducta, especialmente aquellas partes que se sienten justificadas o automáticas, y preguntarte:

"¿Qué estoy haciendo que hace más probable que esto vuelva a suceder?"

Una vez que haces eso, todo cambia. Dejas de esperar que el mundo se ajuste a ti. Empiezas a ajustar cómo te presentas ante el mundo.

Y ahí es cuando la influencia se convierte en autoliderazgo.

3. Aclara Lo Que Valoras

Quita el ruido. Olvida lo que tu industria, tu comunidad o tus redes sociales dicen que debería importarte. Esto no se trata de lo que se ve bien en un tablero de visión, se trata de lo que sigue apareciendo en tu mente y en tu corazón cuando el mundo se queda en silencio.

Pregúntate:

- ¿Qué pensamiento sigue regresando a mi mente cuando todo está en calma?
- ¿Qué estoy haciendo, o con quién estoy, cuando me siento más alineado, más como yo mismo?
- ¿Cuándo siento significado, no solo impulso?

Ten cuidado de no confundir subidones pasajeros con valores duraderos. Una noche divertida puede ser gratificante. Un proyecto exitoso puede traer una descarga de emoción. Pero los valores se muestran en patrones, no en momentos, en aquello a lo que regresas una y otra vez, incluso cuando nadie está mirando.

Y no confundas escapar del dolor con un valor significativo. Si algo te trae alivio temporal, eso no significa que esté alineado con tus valores, solo significa que te ayudó a evitar incomodidad. Eso es reforzamiento negativo, no propósito.

Alivio no es lo mismo que significado. Comodidad no es lo mismo que claridad.

Piensa mejor en qué tipos de conductas se han sentido reforzantes de manera constante, no solo a corto plazo, sino a lo largo del tiempo. No solo descargas de dopamina, sino acciones que te dejan sintiéndote firme, anclado, completo.

Y si nada te viene a la mente de inmediato, no te asustes.

A veces pasamos tantos años reaccionando al estrés, persiguiendo aprobación o viviendo bajo las expectativas de otros que nuestra propia señal se vuelve silenciosa. Eso no significa que no tengas valores, solo significa que has estado sobreviviendo. Si ese es tu caso, empieza por notar qué se siente fuera de lugar. Retrocede desde ahí.

Incluso la incomodidad es un dato.

Luego escríbelo. Dilo en voz alta. Hazlo real. Porque si no sabes lo que realmente te importa, el mundo te asignará tus valores.

4. Practica La Toma De Perspectiva

La conciencia no se trata solo de ti. Se trata de tu impacto. Y el impacto no se define por tus intenciones, se define por lo que realmente sucede al otro lado de tu conducta.

Eso significa que tu autoconciencia tiene que extenderse más allá de tu propia piel. Tienes que estar dispuesto a mirar cómo aterrizan tus acciones en el mundo que te rodea, incluso si ese aterrizaje no coincide con lo que esperabas o deseabas.

Pero el desafío es que no puedes medir tu propio impacto con precisión sin ponerte en la experiencia de otra persona. Eso requiere toma de perspectiva, una conducta, no un sentimiento.

Y como cualquier conducta, requiere intención y repetición. Significa desacelerar lo suficiente para preguntarte:

- *¿Cómo podría sentirse mi conducta desde su lado de la mesa?*
- *¿Con qué podrían estar lidiando que yo no veo o no entiendo?*

- *¿Estoy interpretando su reacción a través de mis propios sesgos o de mi historia de reforzamiento?*

La toma de perspectiva no significa abandonar tu verdad. Significa reconocer que las verdades de otras personas también existen y que su conducta está siendo moldeada de manera tan funcional como la tuya.

Esto es especialmente difícil cuando te sientes herido, decepcionado o no visto. El instinto es cerrarse, defender tu posición y reforzar tu narrativa. Pero la verdadera conciencia significa poder detenerse y preguntar:

¿Podría haber otra manera de ver esto que no he considerado?

No para excusar el maltrato. No para negar tu propia experiencia. Sino para ampliar tu lente y mejorar tu capacidad de navegar la complejidad con claridad.

El liderazgo, la empatía y el crecimiento requieren conductas aprendidas. No puedes ver la imagen completa si solo miras por tu propia ventana.

5. Alinea Tu Conducta Con Esos Valores

Los valores no importan a menos que se manifiesten en tu conducta. Es fácil decir en qué crees. Es más difícil sostenerlo cuando hay algo que perder: aprobación, comodidad, estatus, seguridad.

Así que no empieces con grandes declaraciones. Empieza pequeño.

- Di que no cuando importe, incluso si decepciona a alguien.
- Di que sí cuando te asuste, especialmente si te acerca a quien quieres llegar a ser.
- Di la verdad, tu verdad, incluso si tu voz tiembla.
- Elige integridad sobre facilidad, claridad sobre control, alineación sobre atención.

Aquí es donde ocurre el cambio: cuando tus valores dejan de ser ideas y comienzan a convertirse en patrones observables.

Porque la realidad es que tu conducta enseña a la gente lo que valoras, sin importar lo que digan tus palabras. Si dices que valoras la conexión pero nunca te acercas… si dices que valoras la honestidad pero evitas conversaciones difíciles… si dices que valoras el crecimiento pero constantemente juegas a lo seguro… entonces estás reforzando algo totalmente distinto.

Los valores solo son reales cuando están activos. No viven en tu mente, viven en tu conducta. Esto requiere práctica. Requiere autocorrección. Requiere valor.

Pero cuanto más actúas en alineación con tus valores, especialmente en momentos de alta presión, menos fracturado te sientes. Dejas de actuar para otros. Dejas de justificar tu desalineación, y empiezas a comportarte como alguien en quien confías.

6. Mide El Impacto, No Solo La Intención

¿Lo hiciste con buena intención? Perfecto. Pero ¿qué fue lo que realmente pasó?

Aquí es donde muchas personas bien intencionadas se quedan atrapadas, confundiendo su intención con su impacto. Pero la conducta no se define por lo que quisiste hacer. Se define por lo que produjo, en otros, en los resultados y en tu propia experiencia interna. Los valores no viven en tus intenciones, viven en el impacto de tu conducta.

Pregúntate:

- ¿Qué sucedió realmente después de que dije o hice eso?
- ¿Avancé las cosas o creé confusión?
- ¿La gente respondió con claridad, confianza y acción, o con vacilación y retraimiento?

A veces, el entorno te da esa retroalimentación de manera clara. Pero en muchos contextos, como entrevistas de trabajo, reuniones de alto nivel o colaboraciones profesionales, quizá no recibas retroalimentación directa a menos que la pidas.

Puede que nunca te digan cómo te percibieron en esa entrevista. Puede que nunca escuches por qué una colaboración no avanzó. Pero no está de más preguntar, y a veces ese solo acto de buscar retroalimentación puede cambiarlo todo.

Un simple seguimiento profesional como: "Gracias de nuevo por la oportunidad. Si estás abierto a ello, me encantaría recibir cualquier comentario sobre cómo me desenvolví o qué podría mejorar para la próxima." Esto muestra humildad, autoconciencia y disposición para crecer, cualidades que a menudo reabren puertas que parecían cerradas.

En contextos más personales o relacionales, la retroalimentación puede ser más accesible, pero aún requiere vulnerabilidad. Intenta preguntar:

- *"¿Cómo te cayó lo que dije o hice?"*
- *"¿Eso fue útil o creó tensión?"*
- *"¿Hubiera sido mejor si lo hubiera manejado de otra manera?"*

No estás buscando aprobación. Estás recolectando datos. La verdad es que la mayoría de nosotros no somos los mejores jueces de nuestro propio impacto.

Además, no olvides revisar tu propio ciclo de retroalimentación interno. Pregúntate:

- *¿Cómo me sentí después? ¿Alineado o ansioso? ¿Claro o desconectado?*
- *¿Mi conducta me acercó más a mis valores o me alejó de ellos?*

El impacto incluye más que solo a las personas a tu alrededor. Te incluye a ti.

Y si tu conducta está creando repetidamente confusión, conflicto o agotamiento, incluso con buenas intenciones, entonces esa conducta necesita cambiar. Mide resultados. No te aferres a los motivos.

Al comenzar a aplicar estas prácticas en mi propia vida, noté un cambio profundo, no solo en mi conducta, sino en mi sentido de alineación interna.

REFLEXIÓN FINAL: VOLVIENDO A CASA CON QUIEN REALMENTE ERES

Encontrar tu yo auténtico no se trata de irte a un retiro ni de leer el libro correcto. Se trata de comportarte en alineación con tus valores, una y otra vez, hasta que tu mundo interior y tu impacto exterior finalmente coincidan.

Me tomó mucho tiempo darme cuenta de que no estaba fingiendo en el escenario, ni pretendiendo en mi trabajo, ni escondiéndome de las personas que creían en mí. La única persona de la que me estaba escondiendo era de mí mismo.

En el momento en que dejé de huir, empecé a convertirme en la versión de mí que otros ya veían y, más importante aún, en la versión que por fin me siento orgulloso de llevar a cada parte de mi vida. Por supuesto, sigo aprendiendo y sigo notando cómo algunas de mis conductas se desvían hacia viejos patrones. Pero esa conciencia, la capacidad de verme realmente, lo ha cambiado todo: mi crecimiento, mi paz, mi claridad y mi libertad. Una vez que dejas de actuar y empiezas a alinearte, todo cambia.

Al reflexionar sobre este camino, vuelvo a una idea desde el principio: la vulnerabilidad no se trata de perfección ni de pulido, sino de presentarte como eres, incluso bajo presión. Si mi historia me ha enseñado algo, es que ser visto no significa elegir una única versión pulida de "mí". La verdadera autenticidad vive en abrazar nuestras contradicciones y dejar que nuestros valores, no el miedo ni los viejos hábitos, nos guíen sin importar el contexto.

EN EL MOMENTO EN QUE DEJÉ DE HUIR, EMPECÉ A CONVERTIRME EN LA VERSIÓN DE MÍ QUE OTROS YA VEÍAN Y, MÁS IMPORTANTE AÚN, EN LA VERSIÓN QUE POR FIN ME SIENTO ORGULLOSO DE LLEVAR A CADA PARTE DE MI VIDA.

En mi vida, eso es un baile constante, un yin y yang entre dureza y ternura. Soy un peleador y un amante. La gente ve primero el exterior, pero quienes están cerca de mí conocen la suavidad que hay dentro, la pasión por hacer el bien, por ser bueno. Los tatuajes en mi cuerpo cuentan la historia: una parte marcada con guerreros y armas, la otra con corazones y flores. Fuerza y sensibilidad, convicción y bondad. Para mí, no compiten. Se completan.

NO EXISTE UN "FELICES PARA SIEMPRE", PERO SÍ PUEDE HABER UN "MEJOR PARA SIEMPRE"

La ciencia del comportamiento me enseñó hace mucho que lo que importa no es solo cómo se ven mis acciones en la superficie (su topografía), sino qué propósito cumplen (su función), por qué hago lo que hago y qué valores estoy viviendo. La mano que se convierte en puño en el ring puede ofrecer consuelo en casa. La pelea nunca es solo contra otros, muchas veces es interna, peleando con viejas dudas, miedos o tentaciones de complacer.

Si te llevas algo de este libro, que sea esto: la autenticidad no significa actuar igual en cada momento. Significa dejar que tus valores guíen tu conducta, donde sea que estés, quien sea que te mire. No confundas la superficie de tus acciones con su significado más profundo. Déjate ser fuerte o tierno, atrevido o callado, según lo que tus valores requieran.

Déjalos a ellos, no a reglas rígidas ni a viejos guiones, ser tu verdadero compás.

Abrí este libro hablando de la pelea, ese ring de dudas y anhelos en el que todos entramos de una forma u otra. Lo que he aprendido es que la verdadera victoria no se trata de derrotar a otros, sino de pararte con honestidad en tu propia verdad, incierto a veces, flexible siempre, pero firme en tus valores. Como se enseña en muchas tradiciones marciales y filosóficas: "La verdadera victoria es la victoria sobre uno mismo", un dicho tan importante para mí que lo llevo tatuado como recordatorio constante.

La vida nunca es simple ni lineal. Nuestros "rings", las arenas en las que nos presentamos, cambian. La familia, el trabajo y el mundo nos llaman a comportarnos de maneras diferentes en distintos momentos. Eso no es inautenticidad, esa es la riqueza de estar vivo. El ancla a lo largo de todo es volver, una y otra vez, a quien realmente eres en tu esencia.

Mi camino no está terminado. Sigo sorprendiéndome a mí mismo, sigo eligiendo la conciencia sobre el piloto automático. Si haces lo mismo, descubrirás que no existe un "felices para siempre", pero sí puede haber un "mejor para siempre", uno moldeado por la conciencia, la aceptación y la acción guiada por valores.

Así que deja que tu historia sea compleja. Deja que tus acciones cambien según lo que la vida demande. La única medida real es si estás eligiendo en línea con lo que realmente te importa. Así es como construyes, y reconstruyes, tu yo auténtico. Así es como vuelves a casa.

Mirada al frente. Barbilla abajo. Sigue convirtiéndote.

EPÍLOGO: LO QUE NOS APORTAMOS UNOS A OTROS

Mientras terminaba este libro, le hice a mi esposa una pregunta simple y honesta:

"¿Por qué te quedaste conmigo? ¿Cómo superaste todas las viejas conductas con las que yo estaba peleando?"

Ella no dudó. Simplemente dijo:

"Todos tienen sus rarezas, sus ataduras, sus cosas. Es lo que me aportas a mí, y siento, lo que aportas al mundo, lo que hace que el resto esté bien."

Ella acepta mis defectos y se enfoca en mis fortalezas, no ignorando lo demás, sino porque, para ella, lo que traigo a su vida pesa mucho más que lo que sigo trabajando.

Ese tipo de aceptación hace algo poderoso. Me da ganas de ser mejor. Me permite dejar de esconderme de mí mismo, porque estoy rodeado de personas que ven al verdadero yo y aun así me eligen.

Eso es lo que pasa cuando vives en alineación con tus valores. Atraes a las personas correctas, a las oportunidades correctas. Te conviertes en alguien digno de confianza, no solo para otros, sino para ti mismo. Eso es autenticidad y libertad.

Mostrarse al mundo puede dar miedo, significa dejar que la gente vea de verdad la versión sin filtros de ti. Es un proceso lento, a veces dolorosamente lento. No hay un final de cuento de hadas.

Pero sí puede haber algo aún mejor: una vida moldeada, momento a momento, por la conciencia, la aceptación y la acción. Esa es la verdadera pelea. Cuando dejas de huir de la incomodidad y empiezas a anclarte en lo que importa, eso es gravedad.

Antes de que te vayas, quiero compartir una cosa más.

Al navegar por las arenas cambiantes de la vida, familia, trabajo, identidad, es fácil sentir que pierdes el centro. La pelea por actuar en alineación con nuestros valores, especialmente cuando la vida se pone difícil, es profundamente personal. Y aunque pueda ser duro, lo que valoras muchas veces está justo al otro lado de lo que te desafía.

Hace años, en un momento particularmente difícil, me senté

con esas peleas y dejé que hablaran a través de mí. El resultado fue este poema. Como ya aprendiste, no se trata de pelear físicamente, se trata de pelear para mantenerte firme y alineado. Este es para el guerrero que vive en todos nosotros:

SOY UN PELEADOR

Soy un peleador.
Más allá del ring o la jaula, veo las peleas de la vida con los ojos de un peleador.
Estoy peleando constantemente.
Peleo para mantenerme fuerte cuando me siento débil.
Peleo para mantenerme humilde cuando me siento arrogante.
Peleo para mantenerme en calma cuando la bondad se toma por debilidad.
Ante la ignorancia, me armo y peleo con conocimiento.
Peleo para ser la voz de otros cuando no tienen voz.
Peleo para guardar silencio y que otros puedan ser escuchados.
Cuando los problemas son grandes, peleo para ver claridad en medio de la ambigüedad.
Cuando algo duele, peleo para superar el dolor.
Soy un peleador.

– Paul "Paulie" Gavoni

UNA NOTA DEL AUTOR

Encontrar tu yo auténtico no es un momento de descubrimiento, es el resultado de la Inteligencia Adaptativa. Se trata de observar tus patrones, aceptar tu papel en ellos y hacer ajustes conductuales intencionales, no una sola vez, sino de manera continua.

Porque tu yo auténtico no es algo que encuentras. Es algo que construyes, a través de conductas alineadas con tus valores en respuesta a entornos que cambian.

Ya hiciste el trabajo de la conciencia, ahora llévalo más profundo. Si estás listo para liderarte a ti mismo y a otros de una manera más poderosa, intencional y auténtica, he escrito más para apoyar ese camino.

La autoridad posicional no es liderazgo explora cómo liderar sin depender del control. Inteligencia Adaptativa profundiza en cómo alinear la conducta con los valores frente a la complejidad y el cambio.

Esto no es un intento de venta, son extensiones de la misma misión: ayudar a las personas a aplicar la ciencia del comportamiento para construir vidas que reflejen quiénes son realmente.

Estoy lejos de ser perfecto. Tú no necesitas ser perfecto. Solo necesitas estar dispuesto a adaptarte. Así es como ocurre el crecimiento. Así es como se gana la alineación. Así es como peleas para convertirte en quien siempre debiste ser.

REFERENCIAS

Gallup. (2020). *State of the American workplace report.* Gallup.

Gavoni, P., & Ventura, A. (2025). *Adaptive Intelligence: The Evolution of Emotional Intelligence Through the Proven Power of Behavior Science.* Heart & Science Consulting, LLC.

Hong, Emily & Zhang, Yiyue & Sedikides, Constantine. (2024). Future Self-Continuity Promotes Meaning in Life Through Authenticity. *Journal of Research in Personality. 109.* 104463. 10.1016/j.jrp.2024.104463.

Nair, B. P., Prasad, T., & Nair, S. K. (2021). Authentic Leadership and Team Members' Outcomes: A Cross-level and Multi-level Analysis. *Management and Labour Studies,* 47(2), 165-182. *https://doi.org/10.1177/0258042X211034614* (Original work published 2022).

Wood, A. M., Linley, P. A., Maltby, J., Baliousis, M., & Joseph, S. (2008). *The authentic personality: A theoretical and empirical conceptualization and the development of the Authenticity Scale.* Journal of Counseling Psychology, 55(3), 385–399. *https://doi.org/10.1037/0022-0167.55.3.385*

ACERCA DEL AUTOR

Paul "Paulie" Gavoni, Ed.D., BCBA-D

Heartscienceinternational.org

El Dr. Paul "Paulie" Gavoni ha sido llamado el divulgador más prolífico del análisis de la conducta en la historia moderna, alcanzando a millones cada año a través de sus libros, pódcast de primer nivel y contenido viral. Reconocido globalmente como líder de pensamiento y autor best seller del *Wall Street Journal y USA Today*, Paulie es conocido por combinar la ciencia de la conducta con estrategias directas que impulsan el desempeño y generan cambios duraderos.

Desde la educación y los servicios humanos hasta los deportes de combate, aplica la **Gestión Conductual Organizacional (OBM)** para ayudar a personas y sistemas a prosperar. En los deportes de combate, es conocido como *Coach Paulie Gloves*, un excampeón de peso completo de los Golden Gloves que ha desarrollado peleadores campeones locales, estatales, nacionales y mundiales utilizando la misma ciencia que transforma aulas y empresas.

Como fundador de *Heart & Science International* y cofundador de *The Behavioral Toolbox*, Paulie ofrece soluciones prácticas basadas en la ciencia para problemas del mundo real. Sus roles de liderazgo, que incluyen director de operaciones, profesor y gestor de transformación escolar, reflejan décadas de experiencia ayudando a individuos y organizaciones a rendir al máximo.

Miembro de la junta de la *World Behavior Analysis Day Alliance*, Paulie continúa liderando esfuerzos globales para expandir el alcance y la relevancia de la ciencia del comportamiento. Ya sea trabajando con educadores, clínicos, ejecutivos o atletas, es conocido por su autenticidad, humor y una filosofía orientada a resultados: integridad, crecimiento y cambio real a través de la ciencia del comportamiento humano.

LIBROS DEL AUTOR

Si *Encontrando Tu Yo Auténtico: La Pelea Por Convertirte En Ti Mismo* resonó contigo, revisa estos otros títulos basados en la ciencia del comportamiento y diseñados para generar un impacto significativo:

La Autoridad Posicional No Es Liderazgo

En un mar de teorías y estilos de liderazgo, *La Autoridad Posicional No Es Liderazgo* destaca como un faro que guía a los lectores a comprender que la esencia del verdadero liderazgo radica en los principios del análisis de la conducta. Este libro ofrece más que simples teorías, proporciona un enfoque científico al liderazgo, lo que lo convierte en una lectura única y esencial.

Inteligencia Adaptativa

(coautoría con el Dr. Adam Ventura)

Inteligencia Adaptativa se construye sobre la base de la inteligencia emocional, pero va más profundo, enfocándose no solo en las emociones, sino en comprender por qué hacemos lo que hacemos, por qué otros hacen lo que hacen y por qué tantas veces fallamos en tomar acciones efectivas cuando más se necesitan. Fundamentado en la ciencia del comportamiento y en la teoría evolutiva, *Inteligencia Adaptativa* ofrece un marco práctico y basado en evidencia para alinear la conducta con los valores centrales, superar obstáculos, crear cambios duraderos y producir resultados medibles.

El Efecto De La Retroalimentación

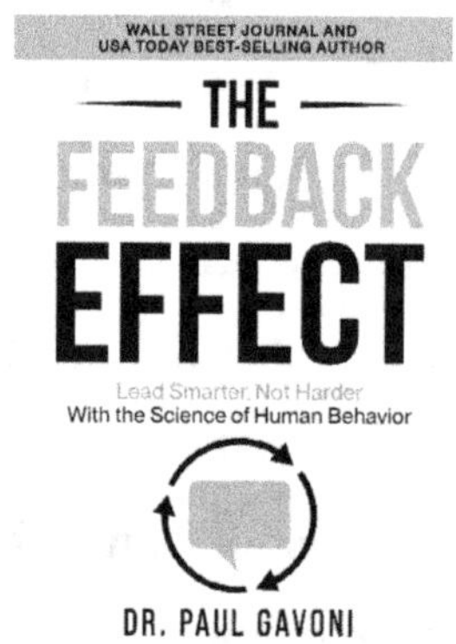

El Efecto De La Retroalimentación ofrece un plan práctico para moldear la conducta, no solo para compartir opiniones, utilizando la ciencia de la *Gestión Conductual Organizacional (OBM).* Ya seas líder, entrenador o educador, aprenderás a dar retroalimentación que motive, fortalezca el desempeño y genere cambios duraderos. No se trata de animar a la gente, se trata de cambiar conductas que producen resultados.

Para conocer más sobre las conferencias magistrales, capacitaciones y servicios de coaching del Dr. Gavoni, visita *Heartscienceinternational.org*

www.ingramcontent.com/pod-product-compliance
Lightning Source LLC
LaVergne TN
LVHW020818061026
849530LV00003B/17